AF387082

# An der Schneise, Liebes
Gedichte


Christoph Sebastian Widdau

Bibliografische Information der Deutschen Nationalbibliothek: Die Deutsche Nationalbibliothek verzeichnet diese Publikation in der Deutschen Nationalbibliografie; detaillierte bibliografische Daten sind im Internet über dnb.dnb.de abrufbar.

© 2023 Christoph Sebastian Widdau

Herstellung und Verlag:
BoD – Books on Demand, Norderstedt

ISBN: 9783748160311

*Für Rosa und José*

# Inhalt

**An der Schneise, Liebes**

Hergerichtet, Gestelltes, Lichtbann
In dem sich, Fernglas, Schritte kreuzen
Deine und meine, Erdpflaster, unbesohlt
Hebst du, Messwunder, Finger
Um zu tasten, Windgang

Herrgott, Gerufenes, Lichtschmerz
In dem sich, Pupille, Blicke kreuzen
Deine und meine, Erdbahnen, ungekehrt
Hebst du, Gefühlswunder, Schenkel
Um dich zu schlagen, Büsche

**Senkblei**

Schwankend im Bretterboot
Das dem Lethegang trotzt
Nimmst du keine Schlucke, Spitzbube
Sondern wirfst ein Segel
Das man finden wird
Nicht wahr

Schallt es mir zu, Spritzer
Dass die Leine nicht reicht
Schlägt das Blei zu Buche, Schlitzohr
Mit dem du dich senkst
Dass man nichts finden wird
Nicht wahr

# Nyx

Unter deinem Kleid
Erwache ich, Nyx

Um mir dein Ei zu kochen
Drei Minuten lang

In dem neuen Kochtopf, ja Mutter
Dann bestelle ich etwas, einen Löffel

Es regnet auch, mein lieber Mann
Und was sagtest du

Bauchschmerzen, nichts bleibt einem
Doch das macht nichts

Denn gleich, Erotik auch
Lege ich mich wieder hin

**Lasur**

Lasiere mich, Liebmalerin
Um Tiefe zu erzeugen

Und aus den Jahresringen zu pinseln
Was nicht in ihnen schimmert

Sodass wir einander, Kunstschatz
Verheizen in der Trockenzeit

**Landzunge**

Landzunge, deren Schlag du zulässt
An deinen Wellen

Landzunge, deren Tosen du empfängst
An deinem Wasserspiel

Landzunge, in ihrer Ruhe vor dem Sturm
An deinem Blaugraufinster

Landzunge, brechende
An deiner Flut

**Schneegestöber**

Die Kuh bürstend
Die du vom Eis holtest

Als die Flocken schlugen
An deine linke und rechte Wange

Als die Handschuhballen
An dem Halfter den Griff versagten

Als die Eistropfen brachen
An deinen Wimpern und Lippen

Die Kuh streichelnd
Die du hegtest, die heilige

Nicht heiliger als du, Kraftvolle
Die ich, vom Stall aus, preise

**Charakterfragen**

Diese Linie könnten wir verlängern
Um diesen oder jenen Millimeter
Auch den Winkel spreizen
Um ein halbes Grad
Die Farbe ändern
Grau A oder B

Keinerlei Eile
Wir trinken Tee
Bitte lassen Sie sich Zeit
Alle der Welt, wie Sie ja wissen
Nichts sollte exakter bedacht sein
Als Antworten auf Charakterfragen

**Mördergrube**

Grube, in die ich euch schütte
Mit eurer gesamten Existenz schütte
Geschmeiß, das ich ein für alle Mal schütte
In das überforderte Herz

Olivenöl soll helfen, sagt ein Ratender
Mit Dank für die Presse, Hohlmuskel
Löse ich auch dein Etikett

Doch damit ihr nicht entwischt
Über die Aorta, ihr Elenden
Breche ich meinen Eid des Hippokrates
Und gebe mich ein für alle Mal frei
Für den Freitod auf Zeit

**Kellertreppenstufen**

Unter dem Spinnwebengewirr
Treffen wir uns, um Birnen zu testen
Fotoalben auszutauschen
Leitungen zu sichten
Und die Kühle zu preisen

Die von den Stufen schwingt
Aus den Wänden springt
Aus dem Silbenschall singt
Aus dem Tropfenhahn klingt

Klickklackabsatztack von oben
Oder unten, von der Mitte aus
Umspielen wir erinnernd Gänge
Einander durchschreitend
Auf oder ab, die Stufen zu fegen

**Gegenwartssprache**

Mein handelndes Gerät, mit dem ich
Freundschaft schloss und
Dessen Synapsen und meine
Eine Einheit bilden, indem wir
Ein Ausdruck sind
Im gemeinsamen Anschluss

**Mein Katzenfratz**

Mein Kätzchen trinkt sein Schälchen leer
Und schwebt auf seinen Ballen
Mein Kätzchen setzt sich auch zur Wehr
Mit ausgestreckten Krallen

Mein Kätzchen schnurrt, ach, nächtelang
Und schlägt das Schwänzchen nieder
Mein Kätzchen maunzt im hohen Klang
Die Katzenjammerlieder

Mein Kätzchen harrt an jeder Tür
Und tastet meine Sünde
Mein Kätzchen kennt meine Gebühr
Des Halters schlimme Gründe

Mein Kätzchen schmiegt sich listig an
Und lässt mich Preise spüren
Mit seinem Schuldnerblick als Bann
Lass ich mich von ihm führen

**Fugenelement**

Dich, mit Ängsten und Lüsten
Verfuge ich, kunstfertig
Indem ich einen Vorhang nähe
Mit dem deine Ängste und Lüste
Erstickt werden, ganz und gar
Sodass übrig bleibt der Vorhang
Und ein Raum, durch den Wind pfeift
Weil wir, bröckelnd, schweigen

**Der Feldweg**

Auf dem schmalen Feldweg
Zwischen der Unterkunft, im
Bretterverschlagchaos
Und dem Knipp, mit seinen
Belaubten Zahnstochern
Im Wolkengetöse, wenn
Die Winde wechseln

Errichte ich einen Speicher
Grabend und wühlend
Ein Erdreich für dich, Schönes
Und male mit buntem Hölzchen
Dich Wesen, im Zettelbann
Damit du spielen kannst, mit
Den Würmern und Würfen

Damit du wachsen kannst
Mit den Wurzeln, Zwischenraum
Ein Erdreich für mich
Zu errichten, Traumstück
Und kratzt mit grauem Stein
Mich Wesen, im Rindenlauf
Damit ich bespielen kann, mich
Auf dem Nagelbett

## Teleologie, die

Teleologie, die
Eine Lehre, die besagt
Dass man eingefacht wird
In den Durchschnittskasten
Wenn die Schneide springt

**Die Liste**

Wasserzugang, durchweg, und Wasser
Beeren, Nüsse und Weizen
Erntefreundlicher Boden, gewiss
Roggen, eine Feuerstelle, Holz
Selbstfüllender Obstkorb
Laublaken oder Felle, nach Belieben
Selbstgeschwungene Angelruten
Köder, der Werkzeugkasten
Photoapparat mit Filmen
Gläser und Schalen
Deine Leinwände, Schöne, Pinsel
Diese Klebestreifen, du weißt
Papier und Stift wie Milch und Honig
Und all das, was wir brauchen
Um nutzbar zu machen, was ich listete
Genau dann lass uns fliehen
Als Naturwunder

## Leuchtfeuerwärter

Deines Brennens, Wärter
Bedürfen wir
Nicht hier am Tresen
Und nicht am Stock
Sondern an deinem Turm

Deines Feuerns, Wärter
Bedürfen wir
Da die Station streikt
Und nichts mehr wacht
Über deinen Turm

Deiner Kenntnis, Wärter
Bedürfen wir
Weil alles sinkt, Untiefe
Und nichts mehr weist
An den verkabelten Türmen

# Wertschätzung

Jeden zu Wort kommen lassen
Und jede, nicht vergessen
Damit am Ende
Nichts steht
Außer Abzählstrichen

Doch der Kuchen schmeckt
Den Soundso backte
Hoch die Plastikgabeln
Einander nicht wertend
Einander nicht schätzend

Ein netter Abend, irgendwie
Wie hieß das noch
An dessen späten Schluss
Sich als Schluss
Niemand erinnert

## Hinter dem Paravent

Hinter dem Paravent
Über und unter der Stange
Winde ich mich, Gott
Um zu spinksen

Um hinter der Wand
Die ich leichthin rücken kann
Ins Linke und ins Rechte
Den Samen zu verfolgen
Den du in das Laminat pflanzt

Lächeln wir einander an
Blaumann, du und ich
Über und unter der Stange
Wenn du mich erblickst, Gott
Um zu spinksen

**Die Sängerin**

Dass der Ton bricht in deinem Gesicht
Dessen Zügen die Noten entgleiten
Nichts als ein Fest, das strömen lässt
Weil dein Leib kennt, was er singt
Weil ich nun weiß, was du weißt
Weil ich nun weiß, das du weißt
Dank dir

## Trugschluss der Liebe

Trugschluss der Liebe:
Dass man schadlos begreift
Sich, dich und mich

### Kunststück, Sensenmann

Anstandsbesuch, Sensenmann
Das Glas, darf ich es leeren?
Ein Kunststück ist es, das ich kann
Darf ich es dir verehren?

Am Lampenschirm, siehst du ihn dort
Den Zettel mit den Strichen?
Auf dem Papier steht nicht ein Wort
Nur Linien, nicht verblichen

Bilde dir ein, mein lieber Freund
Die Striche an den Wänden
Wenn ich genug umhergestreunt
Dann wird das Licht verenden

Dann wird genug sein, hier und jetzt
Was wir nur zu gut kennen
Dann wird das Flaschengut zuletzt
Durch meine Kehle rennen

Mein werter Gast, das Kunststück ist
Dass ich dich necken kann
Dass du nicht immer schlagend bist
Bin ich dein Sensenmann

**Der Gestehende**

Nichts lächerlicher als der Gestehende
Der seinen Hut in einen Ring wirft
Der zu klein ist für den Hut
Nichts lächerlicher
Und nichts erhabener

**Mit dem Federkiel**

Mit dem Federkiel
Streiche ich aus, im Linienfluss
Deinen Namen

Mit dem Kiel, Fliegende
Der mich ergriff einzuschreiben
Deinen Namen

## Conditio humana

In verblassender Kindheit, Dorfstadtdorf
Der rocklosen, zog man schon keine Hüte mehr
Als man sich, bekannt, nicht kennend, maß
Mein lieber Herr Gesangsverein
Schreitend in Tresennähe oder im Gitterpark

Dafür blühte im Gitterpark immer zur Zeit
Austauscherdling, du setztest doch
Die Zeitung kam auch, in der Dämmerfrühe
So sicher war das Kirchenamen
Und der Handtuchhalter hielt, verlässlich

Ein Wecker klingelte zur Hahnschlachtung
Wie vom Band ertönter Glockenklang
Das Brot klingelte aus einem Leuchtgerät
Denn es kommt, wie es kommt
Und abgemessene Butter zerlief, Messergang

Der Schlummer gelang, mehr oder minder
Im Osten ging die Sonne auf, im Westen
Bevor vom Band fließt, was nur noch schimmert
Wir werden ja alle nicht jünger
Und du entwickelst, so und anders